AF189238

Impressum
Verlag: BABADADA GmbH, Nedderfeld 112 , 22529 Hamburg
Geschäftsführer / Verlagsleitung: Harald Hof
Druck: Books on Demand GmbH, In de Tarpen 42, 22848 Norderstedt

Imprint
Publisher: BABADADA GmbH, Nedderfeld 112 , 22529 Hamburg, Germany
Managing Director / Publishing direction: Harald Hof
Print: Books on Demand GmbH, In de Tarpen 42, 22848 Norderstedt

sekolahan
school

para
divide

186/2

blabag kanggo nulis
board

kelas
classroom

latar sekolah
school yard

guru
teacher

dluwang
paper

nulis
write

pen
pen

meja
desk

garisan
ruler

buku
book

murid
pupil

tas sekolah
satchel

tepak potlot
pencil case

potlot
pencil

orotan potlot
pencil sharpener

setip
rubber

lemek nggambar
drawing pad

gambar

drawing

kuwas

paintbrush

tepak cat nggambar

paint box

gunting

scissors

lem

glue

buku latihan soal

exercise book

pakaryan omah

homework

12

angka

number

2+2

tambah

add

5-2

suda

subtract

2×2

ping

multiply

itung

calculate

A

aksara

letter

ABCDEFG
HIJKLMN
OPQRSTU
VWXYZ

abjad

alphabet

hello

tembung

word

teks

text

maca

read

kapur

chalk

wulangan

lesson

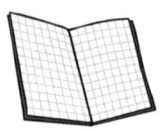

dhaptar

register

ujian

examination

sertipikat

certificate

sragam sekolah

school uniform

pendhidhikan

education

ensiklopedia

encyclopedia

universitas

university

mikroskop

microscope

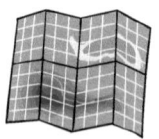

peta

map

kranjang larahan

waste-paper basket

perjalanan
travel

hotel
hotel
hostel
hostel
ROOMS
EXCHANGE
tor pertukaran duit mancanegara
ency exchange office
koper
suitcase
mobil
car

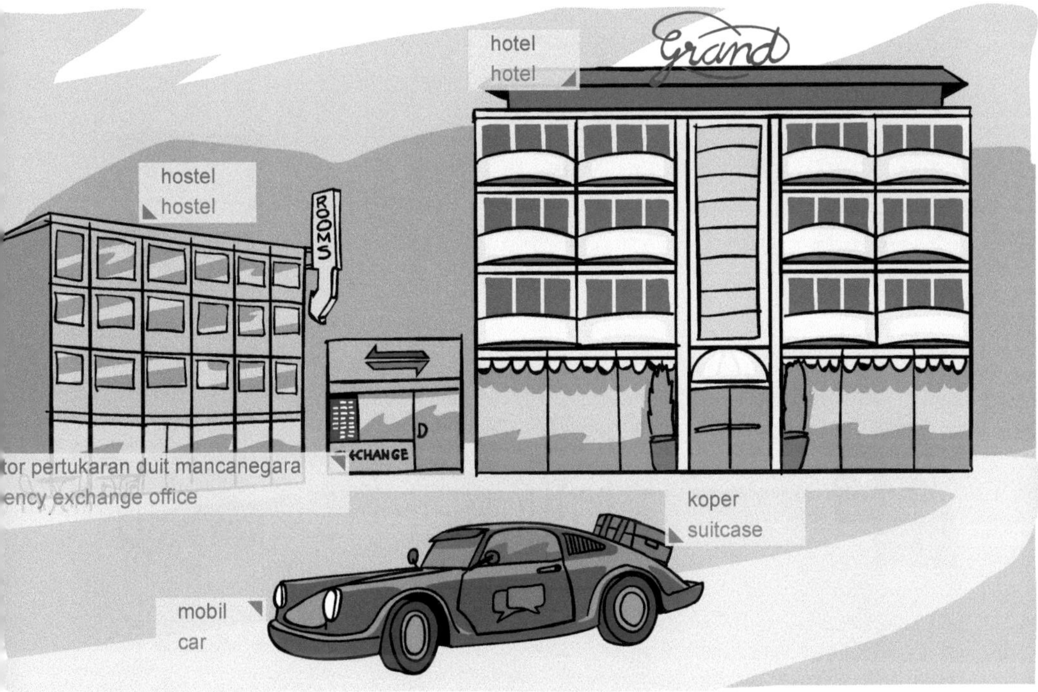

basa
language

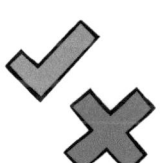

iya / ora
yes / no

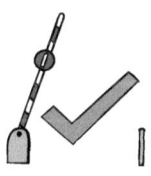

oke
Okay

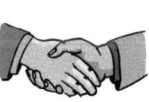

halo
hello

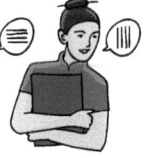

juru basa
translator

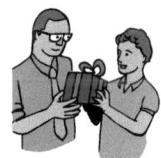

matur nuwun
Thank you

Piro regane ...?
how much is...?

aku ora ngerti
I don´t get it

masalah
problem

Sugeng dalu!
Good evening!

Sugeng enjang
Good morning!

Sugeng dalu!
Good night!

pareng
goodbye

arah
direction

koper
luggage

tas
bag

ransel
backpack

tamu
guest

kamar
room

kantong turu
sleeping bag

tenda
tent

informasi turis

tourist information

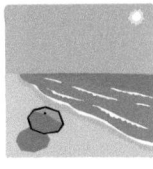

pantai

beach

kertu kredit

credit card

sarapan

breakfast

mangan awan

lunch

mangan ing wayah bengi

dinner

tiket

Ticket

lift

elevator

perangko

stamp

watesan

border

cukai

customs

kedutaan

embassy

visa

visa

paspor

passport

angkutan
transport

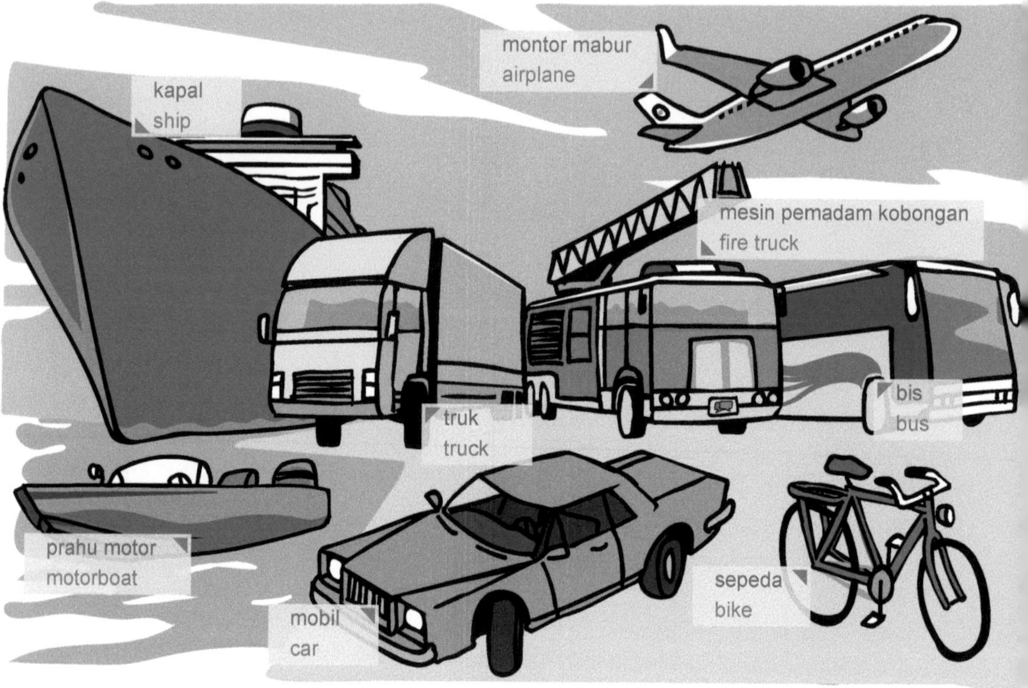

montor mabur
airplane
kapal
ship
mesin pemadam kobongan
fire truck
bis
bus
truk
truck
prahu motor
motorboat
sepeda
bike
mobil
car

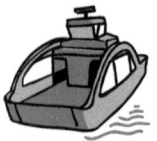

feri

ferry

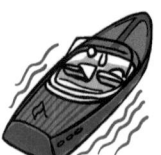

perahu

boat

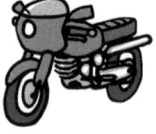

sepeda motor

motorbike

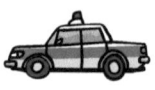

mobil polisi

police car

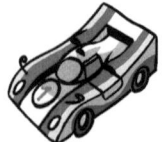

mobil balapan

racing car

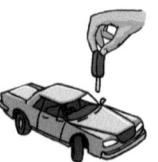

mobil sewa

rental car

sewa mobil

car sharing

truk derek

tow truck

truk resek

garbage truck

motor

engine

bensin

fuel

pom bensin

fuel station

tanda dalan

traffic sign

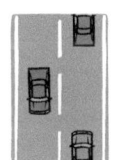

lalu lintas

traffic

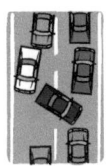

macet

traffic jam

parkir mobil

parking lot

stasiun sepur

train station

ril sepur

tracks

sepur

train

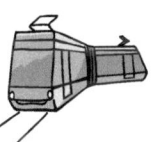

tram

tram

grobak

wagon

helikopter

helicopter

lapangan montor mabur

airport

menara

tower

penumpang

passenger

kontener

container

kerdhus

carton

troli

cart

kranjang

basket

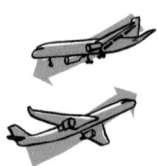

mabur / ndarat

take off / land

kutha

city

desa

village

tengah kutha

city center

omah

house

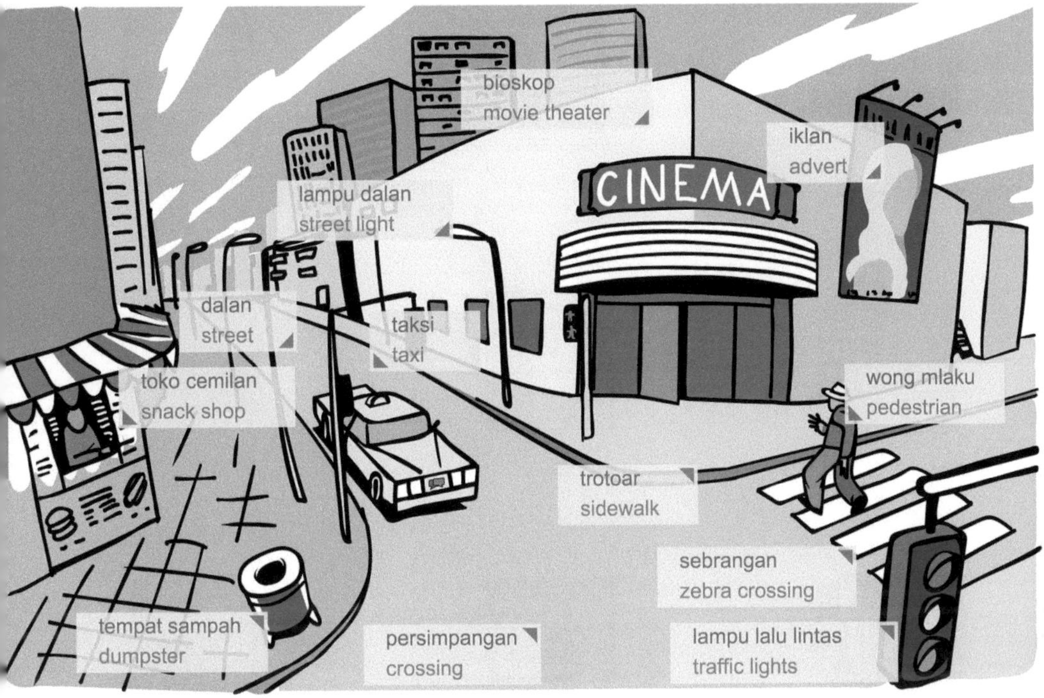

bioskop
movie theater

iklan
advert

lampu dalan
street light

CINEMA

dalan
street

taksi
taxi

toko cemilan
snack shop

wong mlaku
pedestrian

trotoar
sidewalk

sebrangan
zebra crossing

tempat sampah
dumpster

persimpangan
crossing

lampu lalu lintas
traffic lights

gubuk

hut

apartemen

apartment

stasiun sepur

train station

bale kutha

city hall

museum

museum

sekolahan

school

universitas
university

bank
bank

griya sakit
hospital

hotel
hotel

apotek
pharmacy

kantor
office

toko buku
book shop

toko
shop

toko kembang
flower shop

supermarket
supermarket

pasar
market

toko sarwa ana
department store

toko iwak
fishmonger's shop

mal
mall

pelabuhan
harbor

taman
park

bangku
bench

tretek
bridge

andha
stairs

metro
subway

trowongan
tunnel

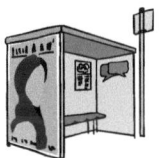

halte bis
bus stop

bar
bar

restoran
restaurant

kotak surat
postbox

pratandha dalan
street sign

meteran parkir
parking meter

kebon kewan
zoo

kolam renang
swimming pool

masjid
mosque

kebon

farm

polusi

pollution

kuburan

cemetery

greja

church

panggon dolanan

playground

candi

temple

lanskap
landscape

godong
leaf

plang
signpost

dalan
path

beran
meadow

watu
stone

wong munggah
hiker

uwit
tree

kali
river

suket
grass

kembang
flower

lembah

valley

bukit

hill

tlogo

lake

alas

forest

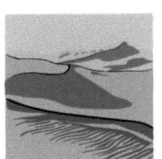

ara-ara

desert

gunung geni

volcano

keraton

castle

kluwung

rainbow

jamur

mushroom

uwit palem

palm tree

lemut

mosquito

laler

fly

semut

ant

tawon

bee

angga-angga

spider

lanskap - landscape

kumbang

beetle

kodok

frog

bajing

squirrel

landhak

hedgehog

truwelu

hare

manuk dares

owl

manut

bird

banyak

swan

celeng

boar

kidang

deer

menjangan

moose

bendungan

dam

turbin angin

wind turbine

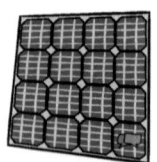

panel srengenge

solar panel

iklim

climate

restoran
restaurant

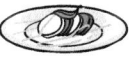

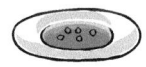

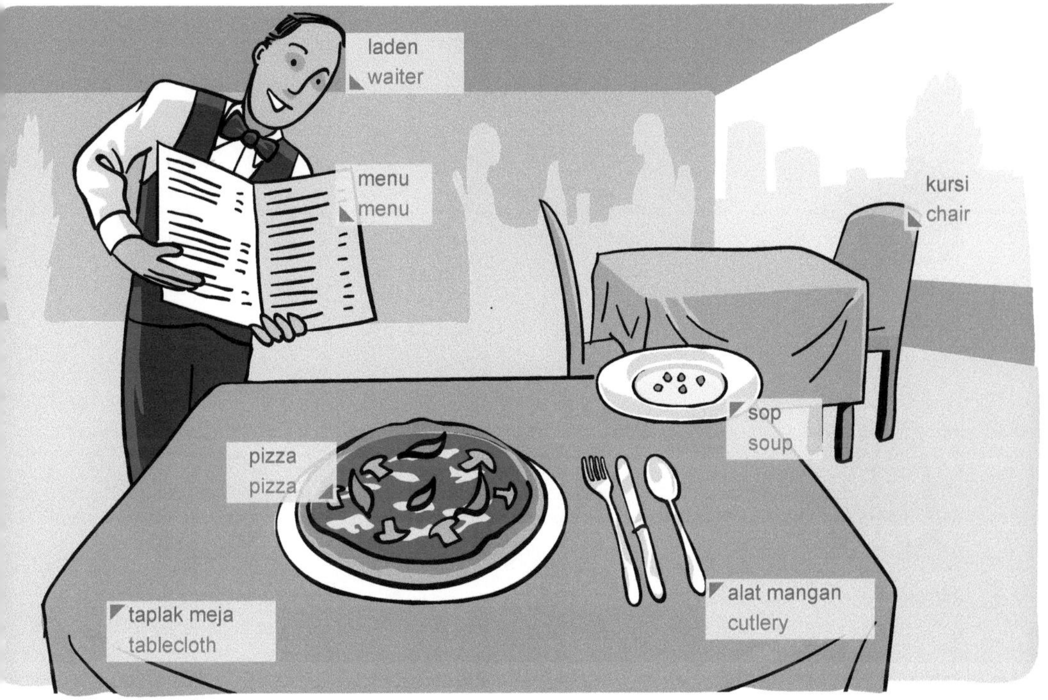

laden
waiter
menu
menu
kursi
chair
sop
soup
pizza
pizza
alat mangan
cutlery
taplak meja
tablecloth

hidangan pambuka

starter

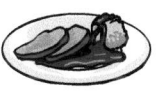

menu utama

main course

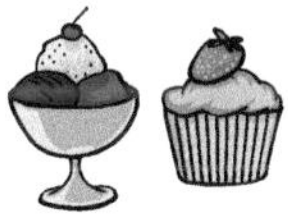

hidangan penutup

dessert

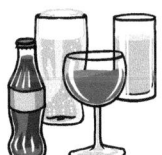

ombenan

drinks

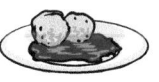

panganan

food

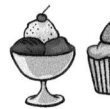

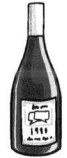

gendul

bottle

panganan instan

fast food

jajan cemilan

street food

ceret teh

teapot

kaleng gula

sugar bowl

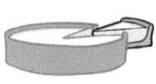

porsi

portion

mesin espresso

espresso machine

kursi duwur

high chair

tagihan

bill

baki

tray

lading

knife

sendok garpu

fork

sendok

spoon

sendok teh

teaspoon

serbet

serviette

gelas

glass

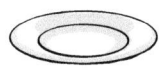

piring

plate

piring sop

soup plate

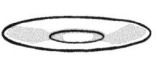

lepek

saucer

duduh

sauce

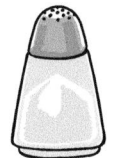

gendul uyah

salt shaker

bubuk mrico

pepper mill

cuka

vinegar

lenga

oil

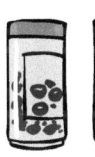

bumbon

spices

saos tomat

ketchup

mustar

mustard

mayones

mayonnaise

supermarket

supermarket

tawaran khusus
special offer
FOR
langganan
customer
produk saka susu
dairy products
woh-wohan
fruit
troli
shopping cart

BUTCHERS

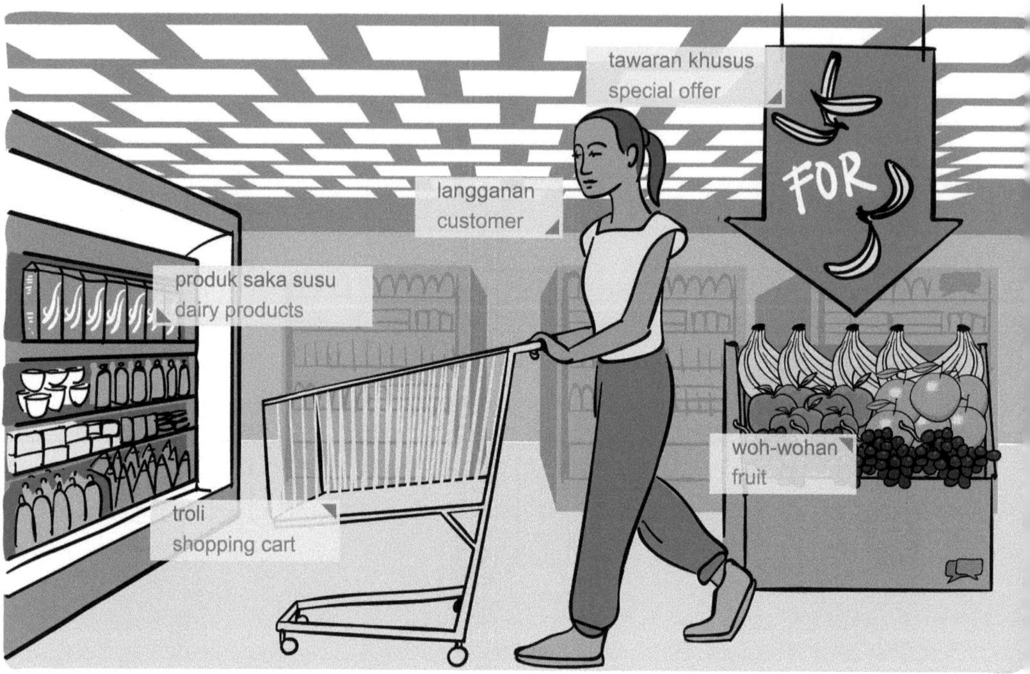

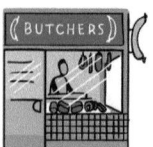

toko daging

butcher's shop

BAKERY

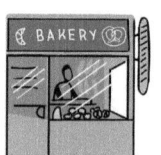

toko roti

bakery

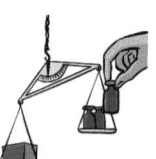

nimbang

weigh

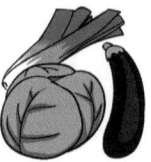

janganan

vegetables

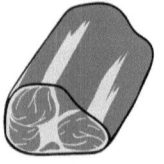

daging panggang

meat

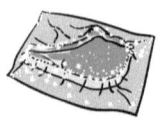

panganan beku

frozen food

irisan daging

cold cuts

panganan kaleng

canned food

deterjen

detergent

permen

candy

produk reresik omah

household products

produk reresik

cleaning products

bakul

sales representative

mesin kasir

cash register

kasir

cashier

daftar blanja

shopping list

jam buka

opening hours

dompet

wallet

kertu kredit

credit card

tas

bag

tas kresek

plastic bag

banyu

water

jus

juice

susu

milk

ombenan kanthi karbon

coke

anggur

wine

bir

beer

alkohol

alcohol

coklat

cocoa

teh

tea

kopi

coffee

espresso

espresso

cappuccino

cappuccino

gedhang

banana

apel

apple

jeruk

orange

semangka

melon

jeruk lemon

lemon

wortel

carrot

bawang

garlic

pring

bamboo

bawang

onion

jamur

mushroom

kacang

nuts

bakmi

noodles

spageti

spaghetti

sego

rice

salad

salad

kentang goreng

fries

kentang goreng

fried potatoes

pizza

pizza

hamburger

hamburger

roti isi

sandwich

daging irisan

escalope

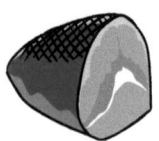

daging ham

ham

salami

salami

sosis

sausage

pitik

chicken

daging panggang

roast

iwak

fish

bubur gandum

porridge oats

muesli

muesli

sereal jagung

cornflakes

glepung

flour

croissant

croissant

roti

bread roll

roti

bread

roti panggang

toast

biskuit

cookies

mertega

butter

dadih

curd

kue

cake

endog

egg

endog goreng

fried egg

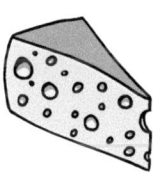

keju

cheese

es krim

ice cream

gula

sugar

madu

honey

sele

jelly

krim nugat

nougat cream

kare

curry

kebon
farm

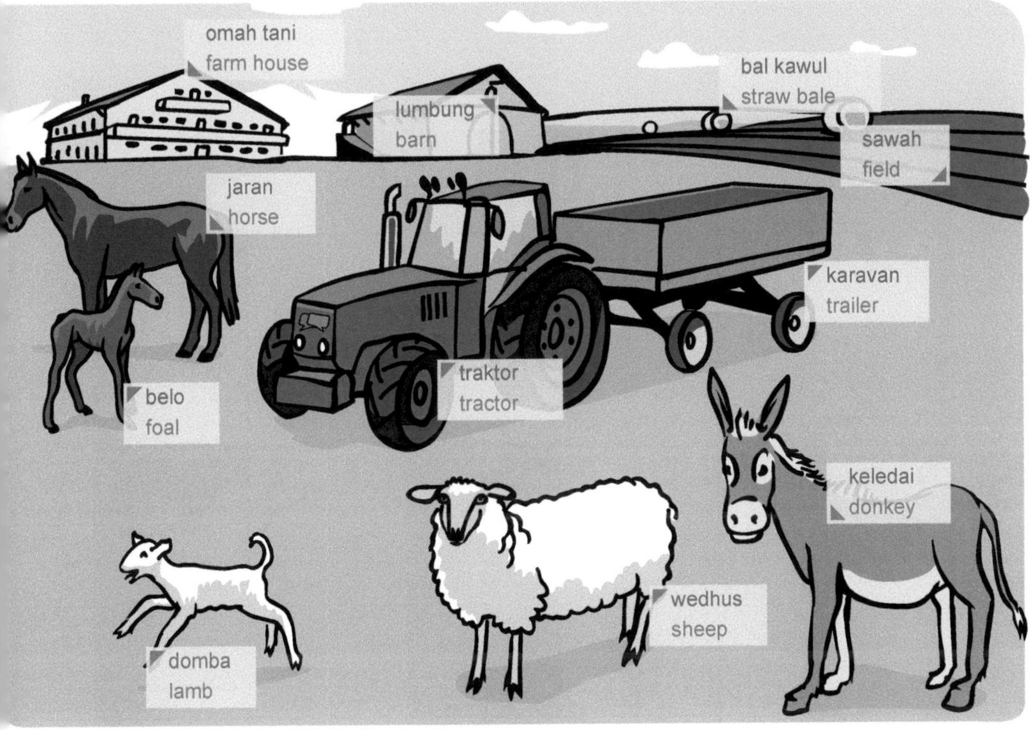

omah tani
farm house
lumbung
barn
bal kawul
straw bale
sawah
field
jaran
horse
karavan
trailer
traktor
tractor
belo
foal
keledai
donkey
wedhus
sheep
domba
lamb

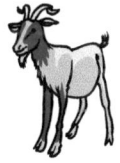

wedhus

goat

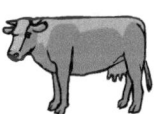

sapi

cow

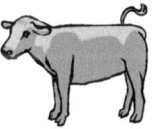

pedhet

calf

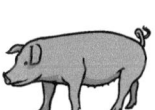

babi

pig

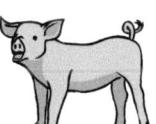

gambluk

piglet

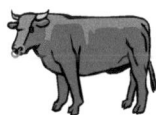

kebo

bull

banyak

goose

bebek

duck

kuthuk

chick

babon

hen

jago

cockerel

tikus

rat

kucing

cat

tikus

mouse

sapi

ox

asu

dog

kandang asu

dog house

selang

garden hose

gembor

watering can

arit gede

scythe

waluku

plow

arit gede

sickle

pacul

hoe

garu

pitchfork

kapak

axe

grobak surung

pushcart

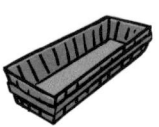

wadah pakan

trough

kaleng susu

milk can

karung

sack

pager

fence

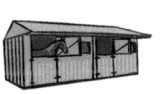

kandang

stable

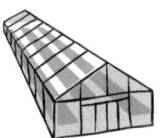

omah kaca

greenhouse

lemah

soil

wiji

seed

rabuk

fertilizer

traktor panen

combine harvester

manen

harvest

panen

harvest

ubi

yams

gandum

wheat

kedelai

soya

kentang

potato

jagung

corn

lobak

rapeseed

wit woh-wohan

fruit tree

telo

manioc

sereal

grain

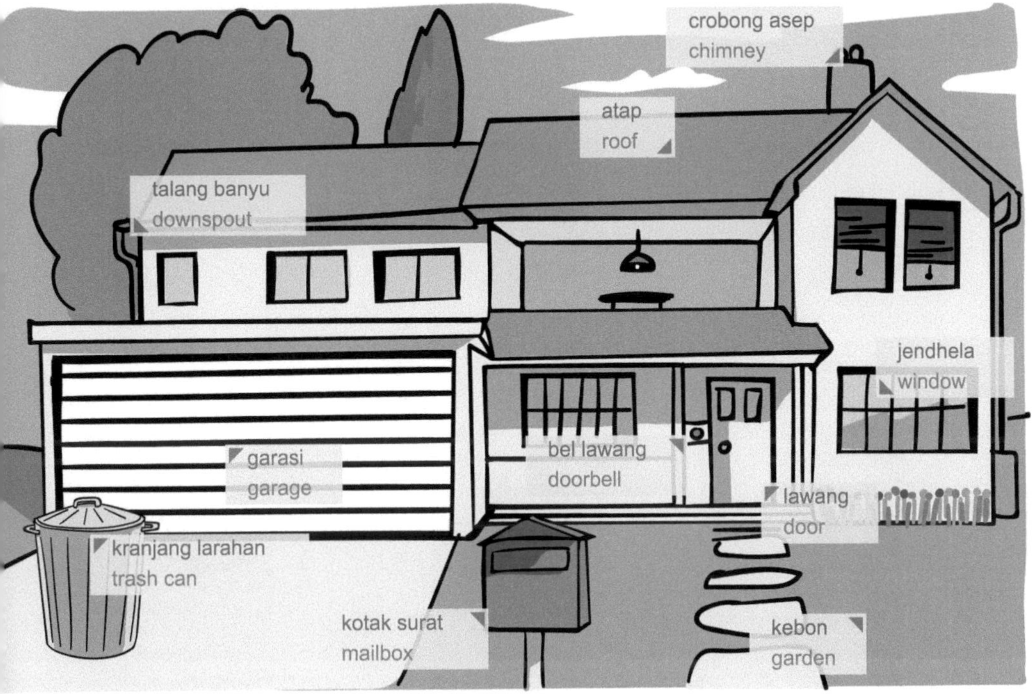

crobong asep
chimney

atap
roof

talang banyu
downspout

jendhela
window

garasi
garage

bel lawang
doorbell

lawang
door

kranjang larahan
trash can

kotak surat
mailbox

kebon
garden

ruang tamu

living room

jedhing

bathroom

pawon

kitchen

kamar turu

bedroom

kamar anak

kids room

kamar panedhaan

dining room

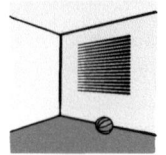

jobin

floor

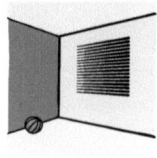

tembok

wall

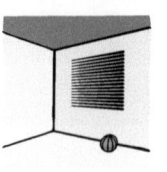

pyan

ceiling

gudhang ing njero lemah

cellar

sauna

sauna

balkon

balcony

teras

terrace

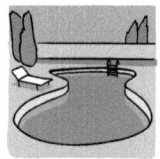

blumbang kanggo nglangi

pool

mesin kanggo motong suket

lawn mower

lembaran

sheet

sprei

bedspread

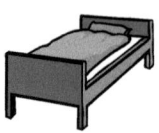

dipan

bed

sapu

broom

ember

bucket

tombol

switch

ruang tamu
living room

kertas tembok
wallpaper
gambar
picture
lampu
lamp
rak
shelf
lemari
cabinet
TV
television
perapian
fireplace
kembang
flower
bantal
cushion
sofa
sofa
vas
vase
remot kontrol
remote control

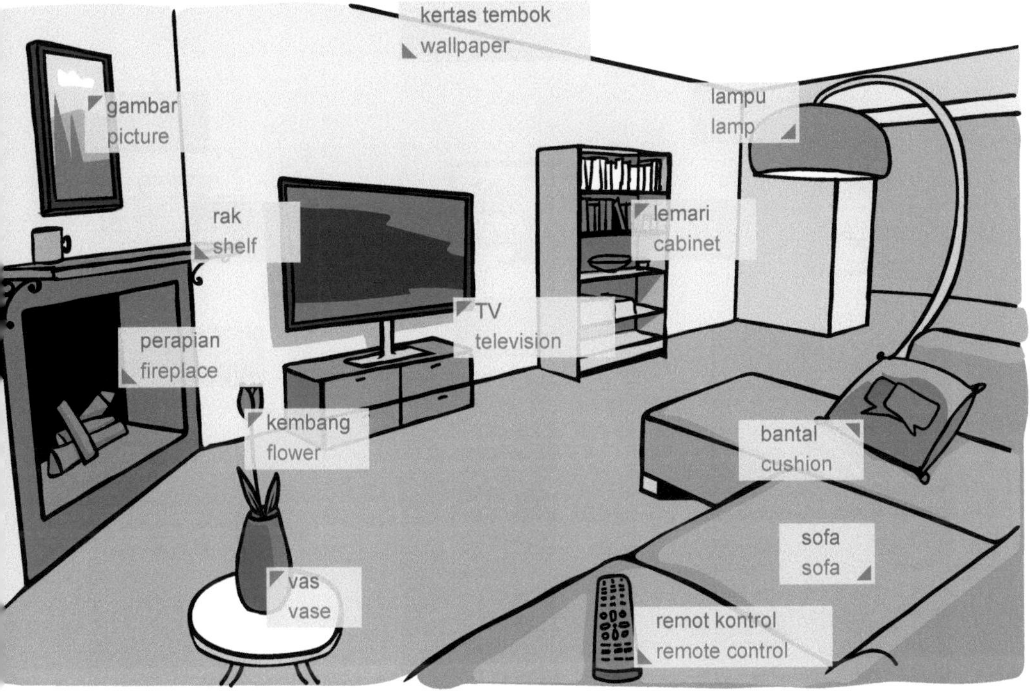

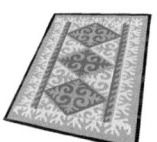

karpet
carpet

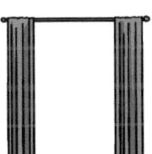

korden
drape

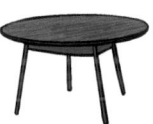

meja
table

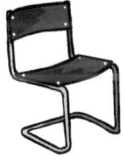

kursi
chair

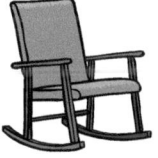

kursi goyang
rocking chair

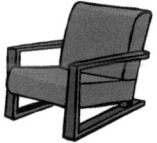

kursi tangan
armchair

buku

book

selimut

blanket

dekorasi

decoration

kayu bakar

firewood

film

film

hi-fi

stereo system

kunci

key

koran

newspaper

lukisan

painting

poster

poster

radio

radio

buku catetan

notebook

penyedot lebut

vacuum cleaner

kaktus

cactus

lilin

candle

pawon
kitchen

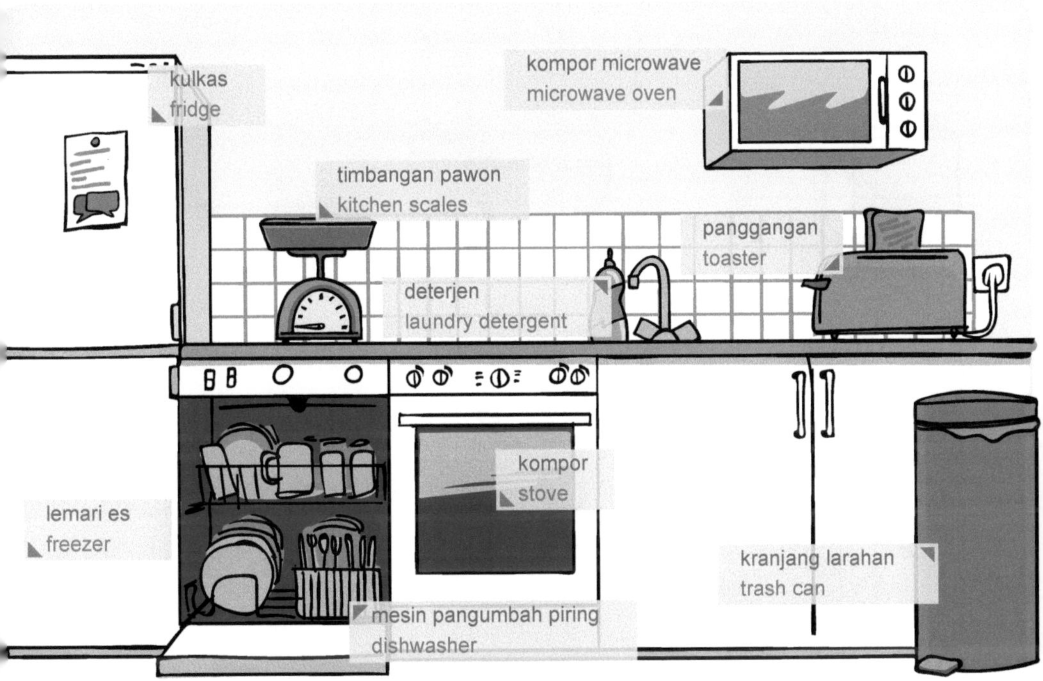
kulkas
fridge
kompor microwave
microwave oven
timbangan pawon
kitchen scales
panggangan
toaster
deterjen
laundry detergent
kompor
stove
lemari es
freezer
kranjang larahan
trash can
mesin pangumbah piring
dishwasher

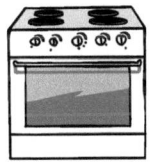

kompor

cooker

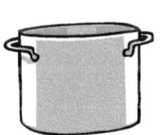

panci

pot

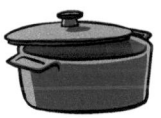

panci wesi

cast-iron pot

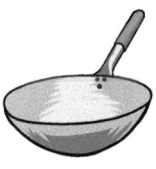

wajan

wok / kadai

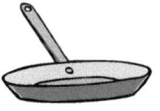

wajan

pan

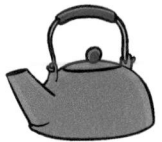

ceret

kettle

kukusan

steamer

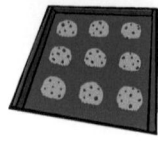

loyang

baking tray

pecah belah

crockery

mug

mug

mangkok

bowl

sumpit

chopsticks

irus

ladle

solet

spatula

udeg

whisk

ayakan

strainer

saringan

sieve

parutan

grater

lumpang

mortar

panggangan

barbecue

geni

fireplace

telenan

chopping board

gilingan adonan

rolling pin

kotrek

corkscrew

kaleng

can

bukaan kaleng

can opener

cempal

oven cloth

wastafel

sink

sikat

brush

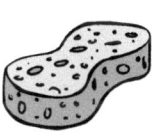

sepon

sponge

blender

blender

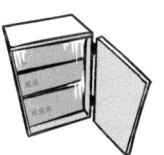

kulkas

deep freezer

gendul bayi

baby bottle

kran

tap

jedhing
bathroom

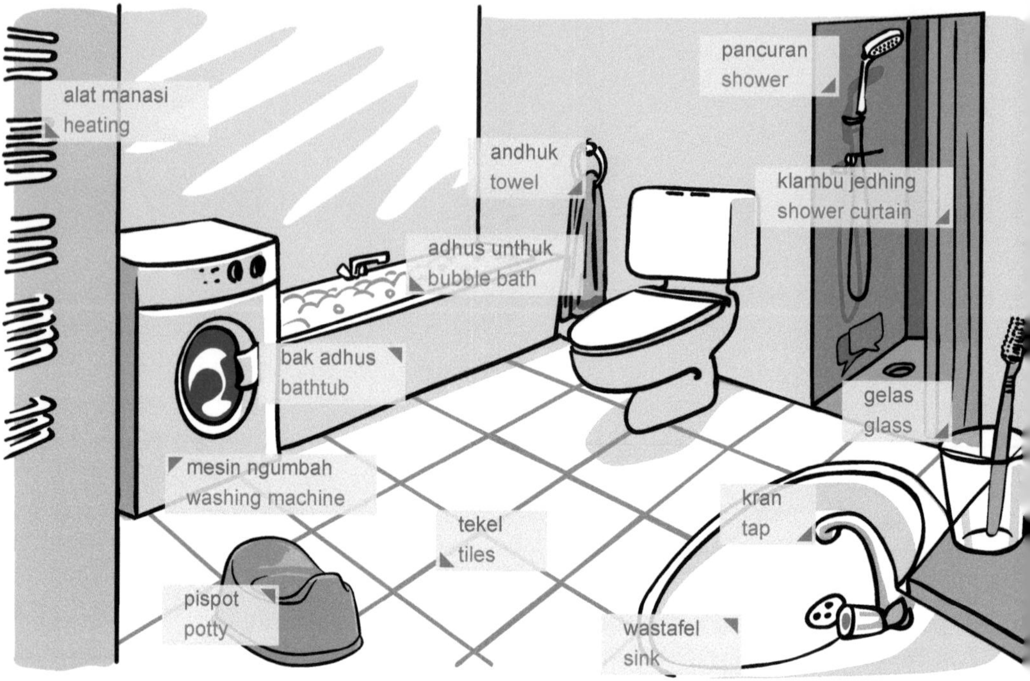

alat manasi
heating
pancuran
shower
andhuk
towel
klambu jedhing
shower curtain
adhus unthuk
bubble bath
bak adhus
bathtub
gelas
glass
mesin ngumbah
washing machine
kran
tap
tekel
tiles
pispot
potty
wastafel
sink

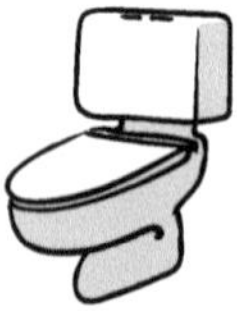
jamban
toilet

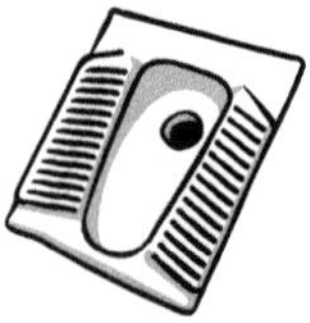
jamban dhodhok
squat toilet

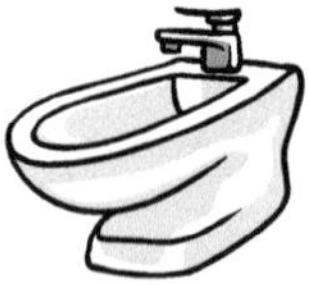
bidet
bidet

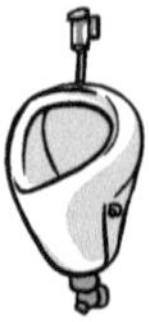
pissoir
urinal

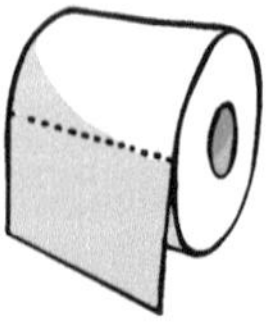
tisu jamban
toilet paper

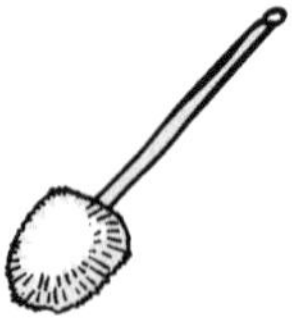
sikat jamban
toilet brush

sikat untu

toothbrush

odol

toothpaste

bolah untu

dental floss

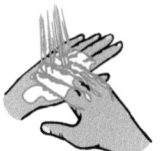

ngumbahi

wash

gagang shower

hand shower

pancuran

douche

baskom

basin

sikat geger

back brush

sabun

soap

gel pancuran

shower gel

sampo

shampoo

hem

flannel

nguras

drain

krim

creme

deodoran

deodorant

pangilon
mirror

koco tangan
hand mirror

silet
razor

umpluk cukur
shaving foam

aftershave
aftershave

jungkat
comb

sikat untu
brush

hairdryer
hair-dryer

hairspray
hairspray

dandanan
makeup

gincu
lipstick

kuteks
nail varnish

kapas
cotton wool

gunting kuku
nail scissors

parfum
perfume

kantong adhus

washbag

dingklik

stool

timbangan

weighing scales

jubah kanggo sawise adhus

bathrobe

sarung karet

rubber gloves

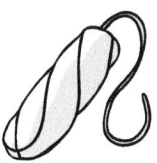

tampon

tampon

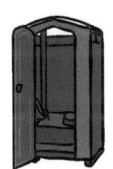

pembalut

sanitary towel

jamban nganggo bahan kimia

chemical toilet

kamar anak
kids room

alarm jam
alarm clock
dolanan empuk
cuddly toy
mobil-mobilan
toy car
kumretek
rattle
omah boneka
doll's house
hadiah
present

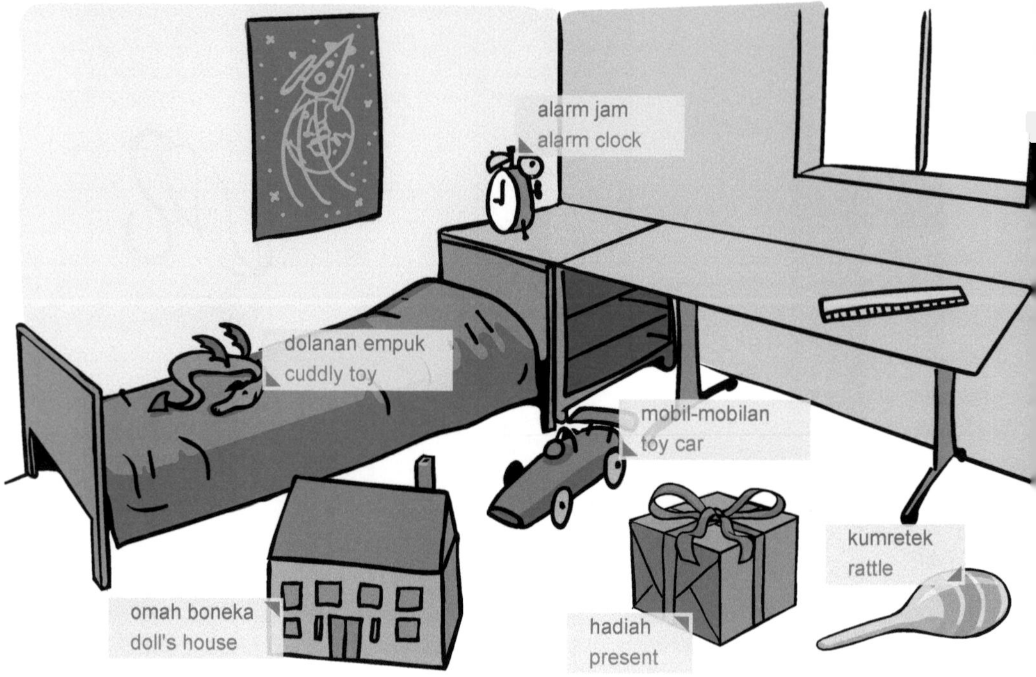

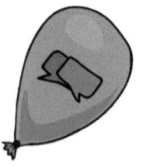

balon

balloon

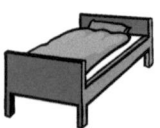

dipan

bed

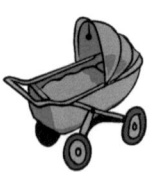

kreto bayi

stroller

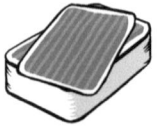

meja kertu

deck of cards

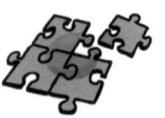

teka-teki

jigsaw

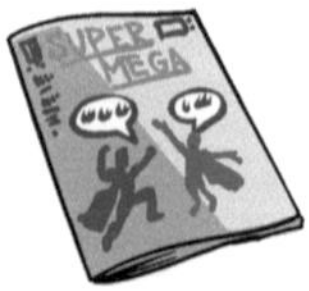

komik

comic

bata lego

lego bricks

balok dolanan

toy blocks

boneka aksi

action figure

klambi bayi

romper suit

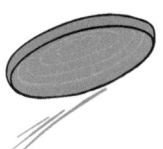

frisbee

frisbee

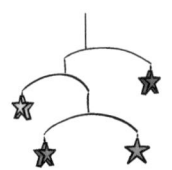

dolanan gantungan

mobile

dolanan meja

board game

dadu

dice

sepur dolanan

model train set

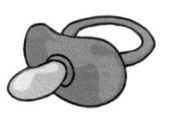

dot

pacifier

pesta

party

buku gambar

picture book

bal

ball

boneka

doll

dolanan

play

panggon dolanan pasir

sandpit

ayunan

swing

dolanan

toys

konsol video game

video game console

sepeda roda telu

tricycle

beruang teddy

teddy bear

lemari sandhangan

wardrobe

klambi

clothing

kaos kaki

socks

stoking

stockings

kathok singset

tights

slendang
scarf

payung
umbrella

kaos oblong
t-shirt

sabuk
belt

sepatu bot
boots

slop
slippers

sepatu kets
sneakers

sandal
sandals

sepatu
shoes

sepatu bot karet
rubber boots

sempak
underwear

kutang
bra

rompi
undershirt

klambi - clothing

awak

body

kathok

pants

kathok jins

jeans

rok

skirt

blus

blouse

klambi

shirt

jaket nganggo kudung

pullover

sweter

sweater

blezer

blazer

jaket

jacket

mantel

coat

jas udan

raincoat

kostum

costume

gaun

dress

gaun manten

wedding dress

setelan

suit

klambi kanggo turu

nightgown

piyama

pajamas

kain sari

sari

kudung

headscarf

serban

turban

cadar

burka

kaftan

kaftan

abaya

abaya

klambi kanggo nglangi

swimsuit

kathok renang

trunks

kathok cekak

shorts

klambi trening

tracksuit

celemek

apron

sarung tangan

gloves

benik

button

kacamata

glasses

gelang

bracelet

kalung

necklace

ali-ali

ring

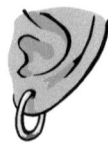

anting-anting

earring

peci

cap

gantungan mantel

coat hanger

topi

hat

dasi

tie

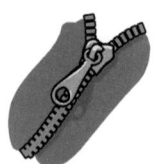

slerekan

zip

helem

helmet

bretel

braces

sragam sekolah

school uniform

sragam

uniform

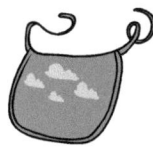

oto

bib

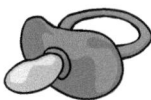

dot

pacifier

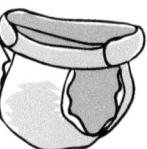

popok

diaper

kantor
office

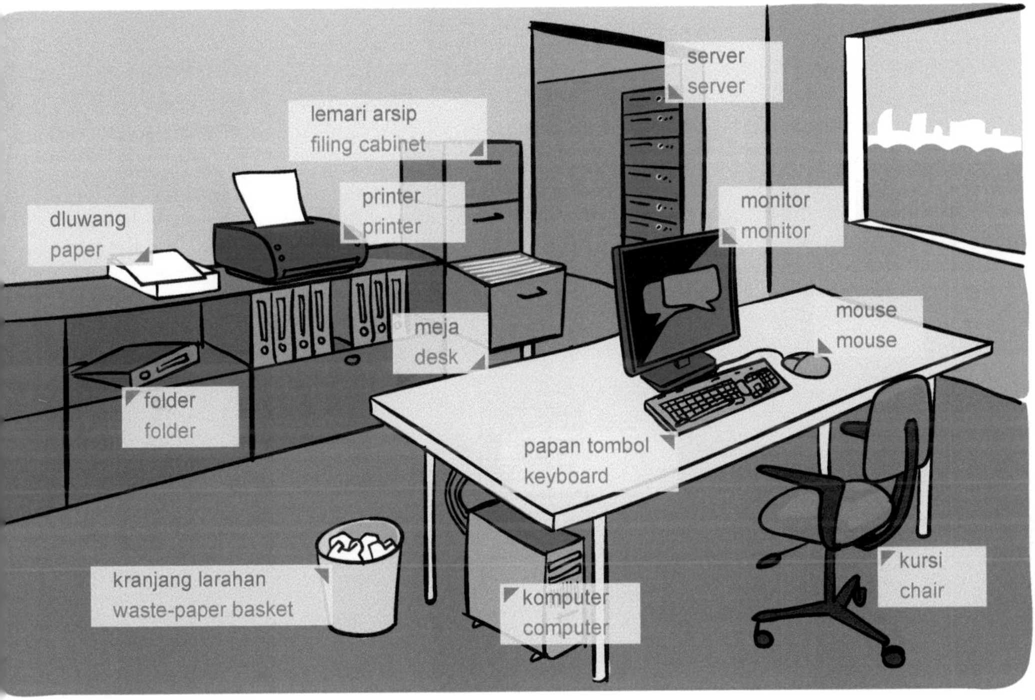

server
server
lemari arsip
filing cabinet
printer
printer
dluwang
paper
monitor
monitor
mouse
mouse
meja
desk
folder
folder
papan tombol
keyboard
kranjang larahan
waste-paper basket
komputer
computer
kursi
chair

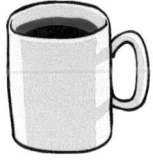

cangkir kopi

coffee mug

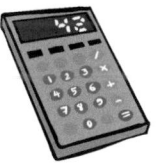

kalkulator

calculator

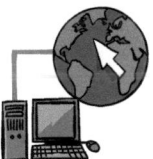

internet

internet

laptop

laptop

surat

letter

pesen

message

HP

cell phone

jaringan

network

mesin fotokopi

photocopier

software

software

telpon

telephone

colokan

plug socket

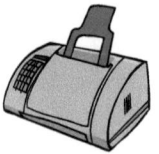

mesin faksimili

fax machine

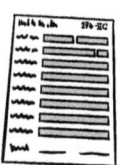

blangko

form

dokumen

document

tuku

buy

mbayar

pay

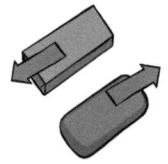

bebakulan

trade

duit

money

dolar

dollar

euro

euro

yen

yen

rubel

rouble

franc Swiss

Swiss franc

yuan renminbi

renminbi yuan

rupe

rupee

cash point

cash point

kantor pertukaran duit
mancanegara
currency exchange office

emas
gold

perak
silver

minyak
oil

energi
energy

rego
price

kontrak
contract

pajek
tax

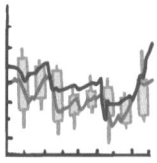

saham
stock

kerjo
work

pegawe
employee

juragan
employer

pabrik
factory

toko
shop

perwira polisi
police officer

petugas kobongan
fireman

tukang masak
cook

dokter
doctor

pilot
pilot

tukang kebon

gardener

tukang kayu

carpenter

tukang jahit

seamstress

hakim

judge

ahli kimia

chemist

aktor

actor

sopir bis

bus driver

sopir taksi

taxi driver

nelayan

fisherman

tukang reresik

cleaning lady

tukang pasang gendheng

roofer

laden

waiter

pamburu

hunter

pelukis

painter

tukang roti

baker

tukang listrik

electrician

tukang mbangun

builder

insinyur

engineer

jagal

butcher

tukang ledeng

plumber

tukang pos

postman

tentara

soldier

arsitek

architect

kasir

cashier

bakul kembang

florist

juru rambut

hairdresser

kondektur

conductor

mekanik

mechanic

kapten

captain

dokter untu

dentist

ilmuwan

scientist

rabbi

rabbi

imam

imam

biksu

monk

pandhita

pastor

alat
tools

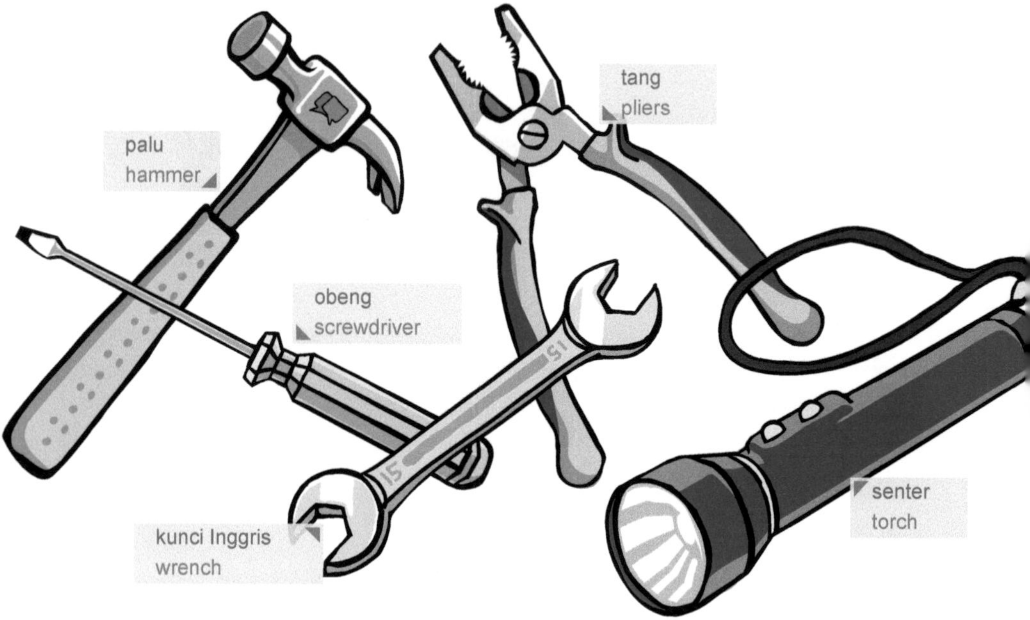
palu
hammer
tang
pliers
obeng
screwdriver
kunci Inggris
wrench
senter
torch

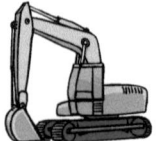

mesin kerukan

excavator

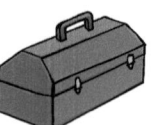

wadah perkakas

toolbox

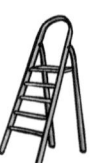

andha

ladder

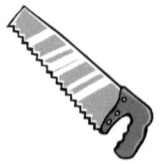

graji

saw

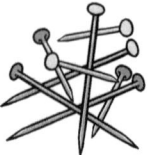

paku

nails

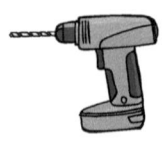

bur

drill

ndandani

repair

sekop

shovel

Bajigur!

Damn!

serok

dustpan

kaleng cat

paint can

sekrup

screws

alat musik
musical instruments

sak set tambur
drum set

speker
loud speaker

gitar
guitar

bass dobel
double bass

trompet
trumpet

piano
piano

biola
violin

bass
bass

timpani
timpani

tambur
drums

keyboard
keyboard

saksofon
saxophone

suling
flute

mikropon
microphone

kebon kewan

zoo

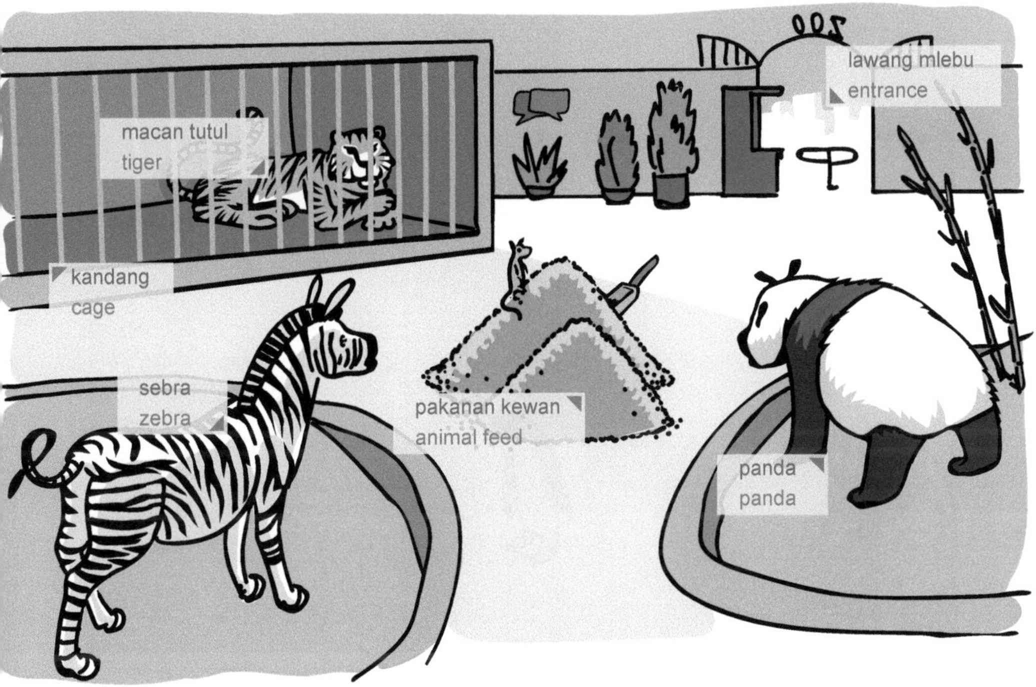

lawang mlebu
entrance
macan tutul
tiger
kandang
cage
sebra
zebra
pakanan kewan
animal feed
panda
panda

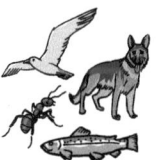

kewan

animals

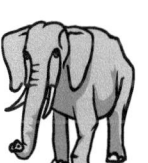

gajah

elephant

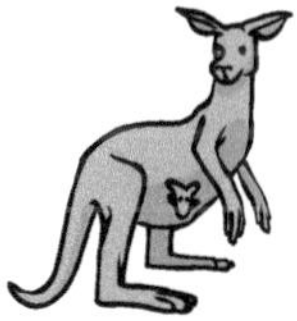

kanguru

kangaroo

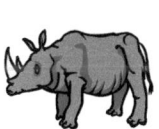

badak

rhino

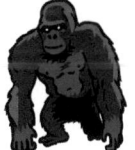

gorila

gorilla

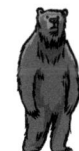

beruang

bear

unta

camel

manuk unta

ostrich

singa

lion

kethek

monkey

flamingo

flamingo

bethet

parrot

beruang kutub

polar bear

pinguin

penguin

hiu

shark

merak

peacock

ula

snake

baya

crocodile

juru kunci kebon kewan

zookeeper

singa segara

seal

jaguar

jaguar

jaran poni

pony

macan tutul

leopard

kuda nil

hippo

jrapah

giraffe

garudha

eagle

celeng

boar

iwak

fish

bulus

turtle

walrus

walrus

rubah

fox

kidang

gazelle

bal-balan Amerika
American football

sepedahan
cycling

tenis
tennis

basket
basketball

nglangi
swimming

hoki es
ice hockey

tinju
boxing

bal-balan
soccer

badminton
badminton

atletik
athletics

bal tangan
handball

ski
skiing

polo
polo

kegiatan
activities

ngguyu
laugh
mencolot
jump
ngrangkul
hug
mlaku
walk
nembang
sing
ngimpi
dream
ndonga
pray
ngambung
kiss

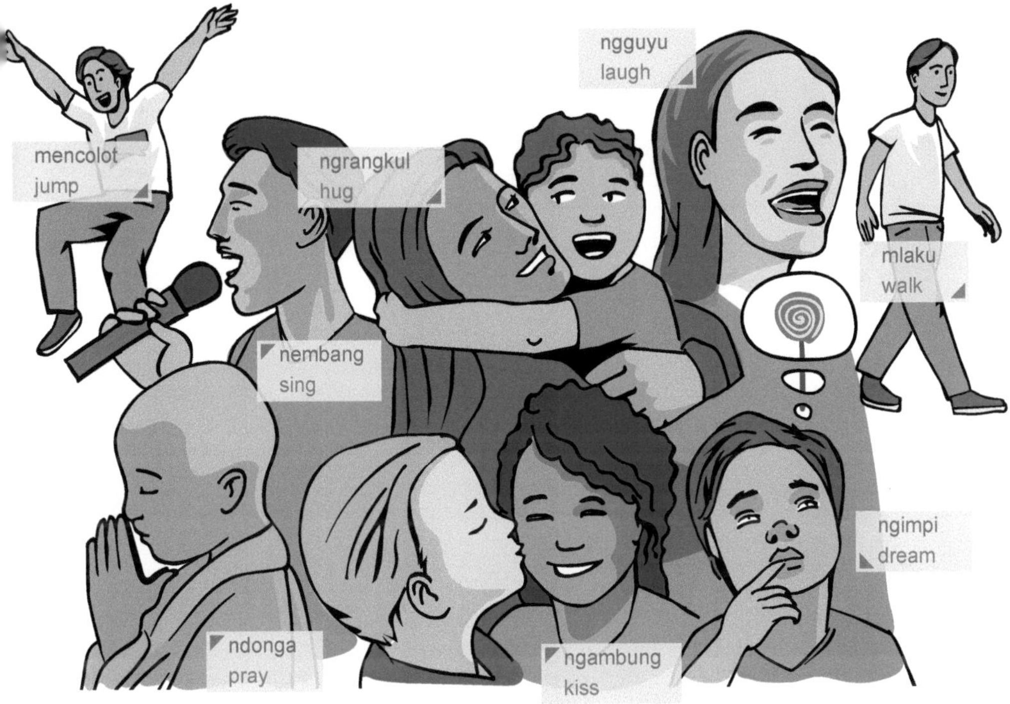

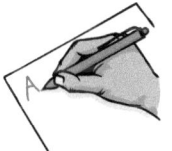

nulis
write

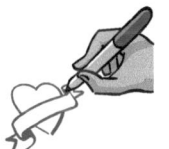

nggambar
draw

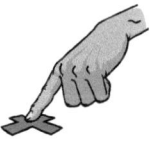

nuduhake
show

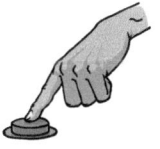

mencet
push

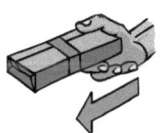

menehi
give

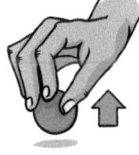

njupuk
take

duweni

have

nindakake

do

yaiku

be

ngadek

stand

mlayu

run

narik

pull

nguncalake

throw

tiba

fall

ngapusi

lie

ngenteni

wait

nggawa

carry

lungguh

sit

klamben

get dressed

turu

sleep

tangi

wake up

ndheleng

look at

nangis

cry

ngelus

stroke

njungkati

comb

ngomong

talk

mangerteni

understand

takon

ask

ngrungoake

listen

ngombe

drink

mangan

eat

ngrapiake

tidy up

nrisnani

love

masak

cook

nyopir

drive

mabur

fly

kegiatan - activities

nglayar

sail

itung

calculate

maca

read

sinau

learn

kerjo

work

ngrabi

marry

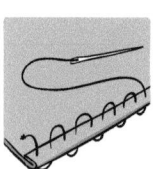

njahit

sew

nyikat untu

brush teeth

mateni

kill

ngrokok

smoke

ngirim

send

keluarga
family

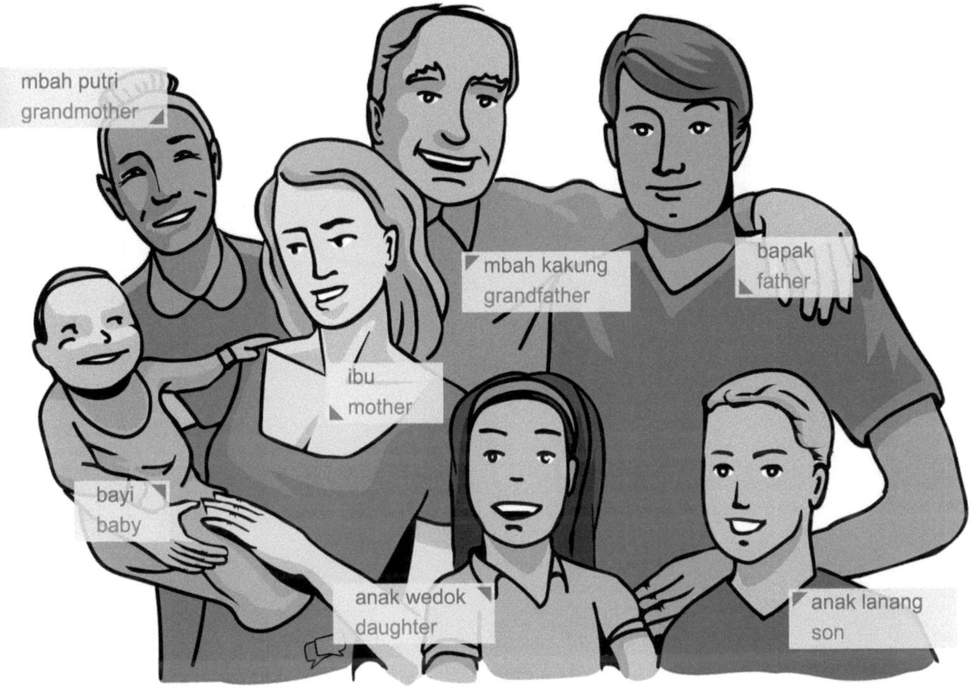

mbah putri
grandmother
mbah kakung
grandfather
bapak
father
ibu
mother
bayi
baby
anak wedok
daughter
anak lanang
son

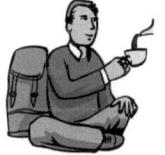

tamu
guest

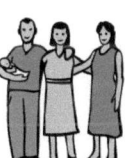

bu lik
aunt

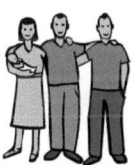

pak lik
uncle

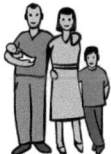

dulur lanang
brother

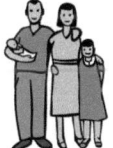

dulur wadon
sister

awak

body

bathuk
forehead
mripat
eye
pundhak
shoulder
driji
finger
pasuryan
face
janggut
chin
tangan
hand
sikil
leg
payudara
breast
lengen
arm

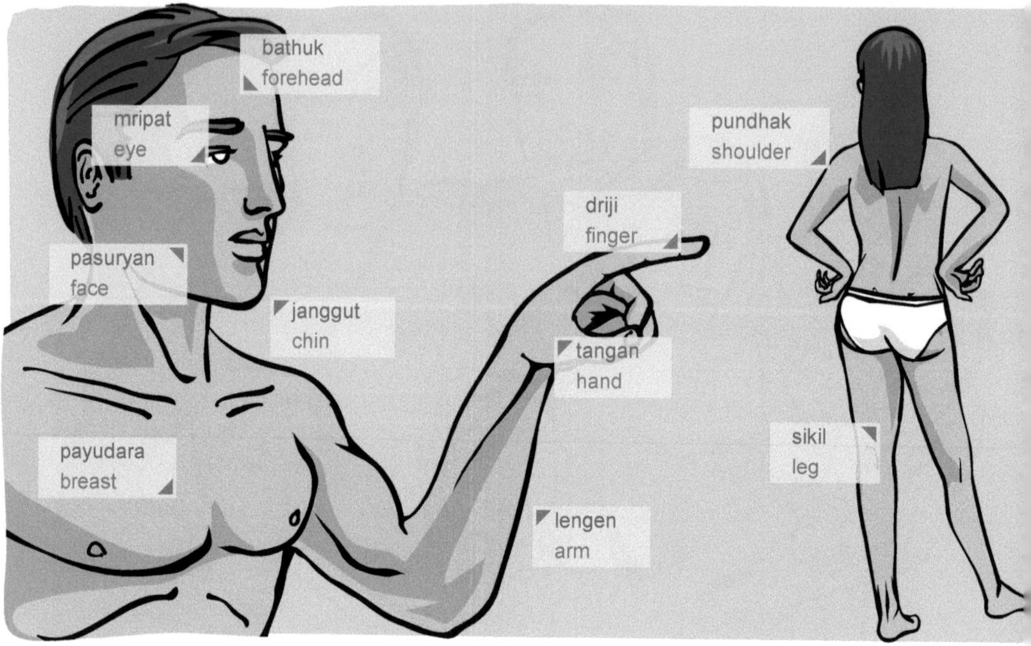

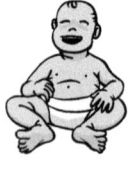

bayi

baby

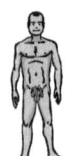

lanang

man

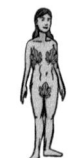

wadon

woman

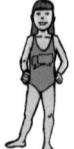

bocah wadon

girl

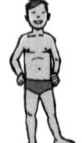

bocah lanang

boy

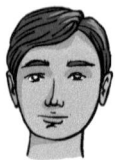

sirah

head

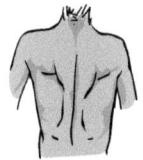

geger

back

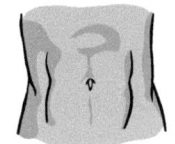

weteng

belly

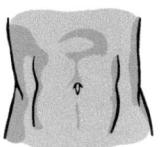

puser

navel

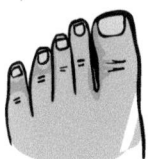

driji sikil

toe

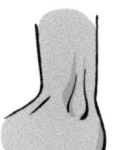

tungkak

heel

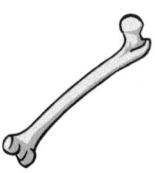

balung

bone

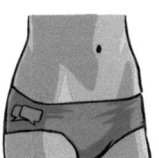

panggul

hip

dengkul

knee

sikut

elbow

irung

nose

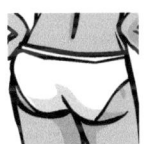

bokong

buttocks

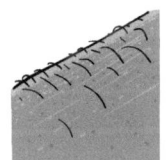

kulit

skin

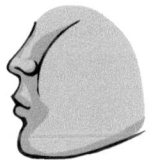

pipi

cheek

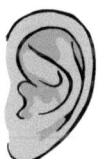

kuping

ear

lambe

lip

awak - body

69

lisan

mouth

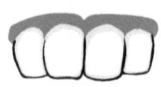

untu

tooth

ilat

tongue

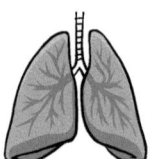

uteg

brain

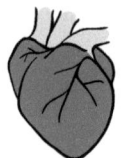

jantung

heart

otot

muscle

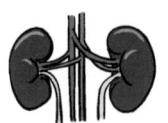

paru

lung

ati

liver

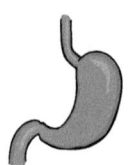

garba

stomach

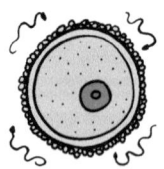

ginjel

kidneys

sanggama

sex

kondom

condom

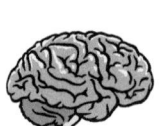

ovum

ovum

mani

semen

mbobot

pregnancy

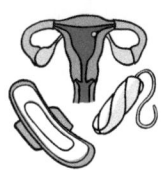

haid

menstruation

vagina

vagina

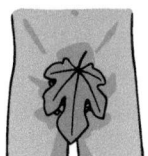

zakar

penis

alis

eyebrow

rambut

hair

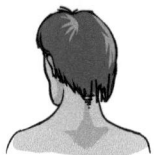

gulu

neck

griya sakit
hospital

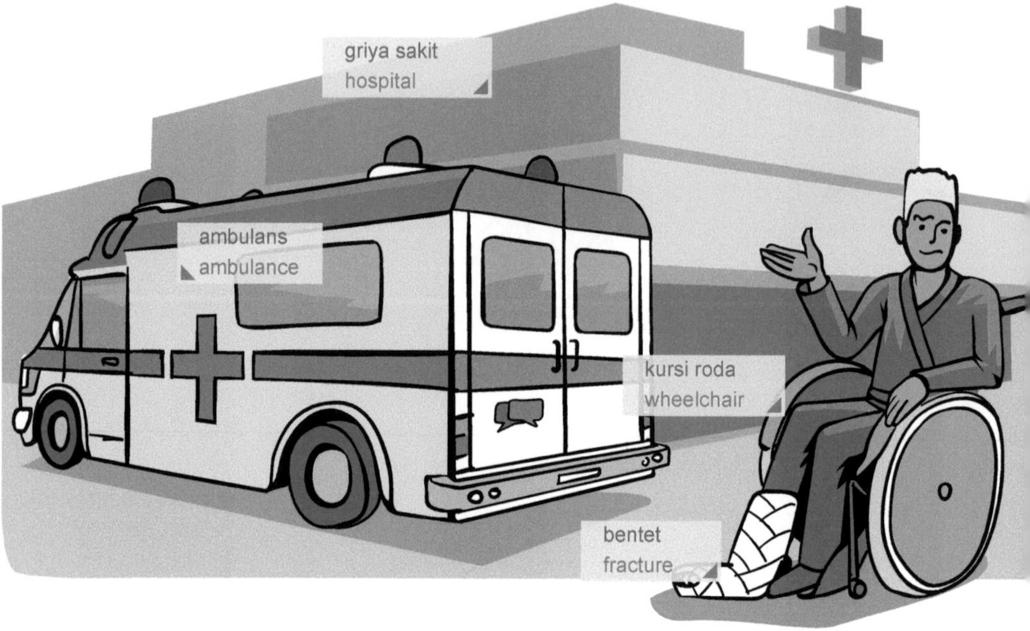

griya sakit
hospital
ambulans
ambulance
kursi roda
wheelchair
bentet
fracture

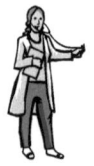

dokter

doctor

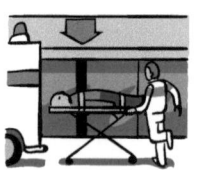

kamar gawat darurat

emergency room

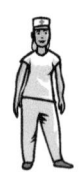

perawat

nurse

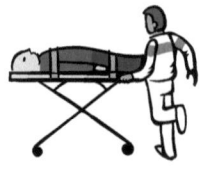

dharurat

emergency

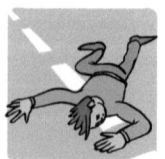

ora sadar

unconscious

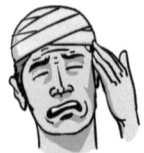

linu

pain

tatu

injury

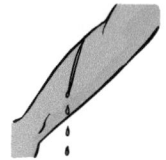

getihen

bleeding

serangan jantung

heart attack

setruk

stroke

alergi

allergy

watuk

cough

ngelu

fever

pilek

flu

diare

diarrhea

mumet

headache

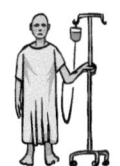

kanker

cancer

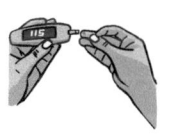

diabetes

diabetes

ahli bedah

surgeon

lading bedah

scalpel

operasi

operation

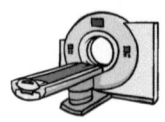

CT
CT

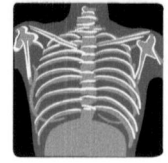

sinar x
x-ray

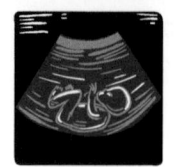

USG
ultrasound

masker
face mask

penyakit
disease

kamar nunggu
waiting room

pitulung
crutch

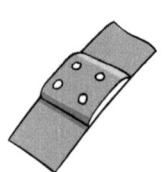

perban
plaster

perban
bandage

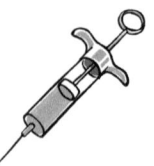

suntik
injection

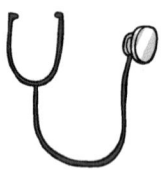

stetoskop
stethoscope

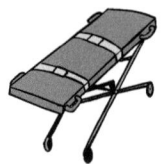

tandu
stretcher

termometer klinik
clinical thermometer

lair
birth

kalemon
overweight

alat bantu dengar

hearing aid

disinfektan

disinfectant

infeksi

infection

virus

virus

HIV/AIDS

HIV / AIDS

obat

medicine

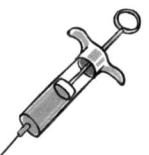

vaksinasi

vaccination

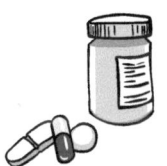

tablet

tablets

pil

pill

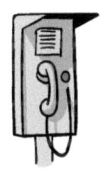

nomer telpon darurat

emergency call

ngukur tensi getih

blood pressure monitor

lara / waras

ill / healthy

Tulung!

Help!

alarem

alarm

sergap

assault

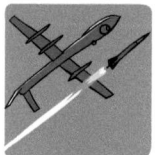

serangan

attack

bebaya

danger

lawang metu dharurat

emergency exit

Kobongan!

Fire!

alat mateni geni

fire extinguisher

kacilakan

accident

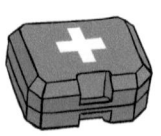

pitulungan wiwitan

first-aid kit

SOS

SOS

polisi

police

Eropa

Europe

Amerika Lor

North America

Amerika Kidul

South America

Afrika

Africa

Asia

Asia

Australia

Australia

Atlantik

Atlantic

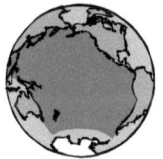

Pasifik

Pacific

Samudra Hindia

Indian Ocean

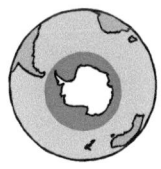

Samudra Antartika

Antarctic Ocean

Samudra Arktik

Arctic Ocean

Kutub Lor

North pole

Kutup Kidul

South pole

Antarktika

Antarctica

bumi

earth

daratan

land

segara

sea

pulau

island

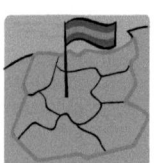

bangsa

nation

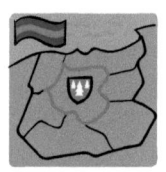

negara

state

layar jam

clock face

dom jam

hour hand

dom menit

minute hand

dom detik

second hand

Jam piro saiki?

What time is it?

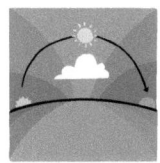

dina

day

wektu

time

saiki

now

jam digital

digital watch

menit

minute

jam

hour

minggu
week

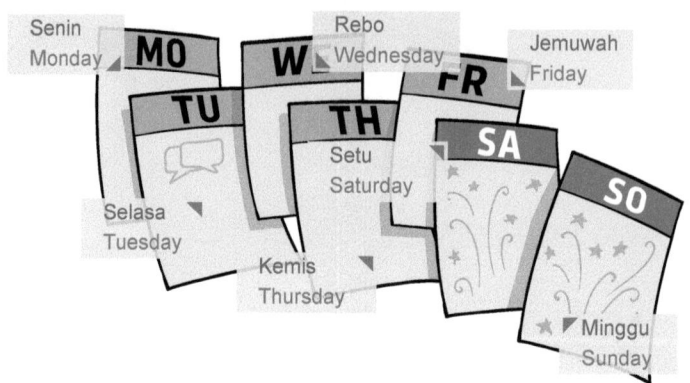

Senin — Monday
Selasa — Tuesday
Rebo — Wednesday
Kemis — Thursday
Jemuwah — Friday
Setu — Saturday
Minggu — Sunday

wingi

yesterday

saiki

today

sesuk

tomorrow

esuk

morning

awan

noon

bengi

evening

dina kerja

workdays

akhir minggu

weekend

tahun

year

udan es
rain
kluwung
rainbow
salju
snow
angin
wind
musim semi
spring
mangsa gugur
fall
musim ketigo
summer
mangsa adem
winter

4.APRIL 11°
5.APRIL 4°
6.APRIL 13°
7.APRIL 8°
8.APRIL 10°

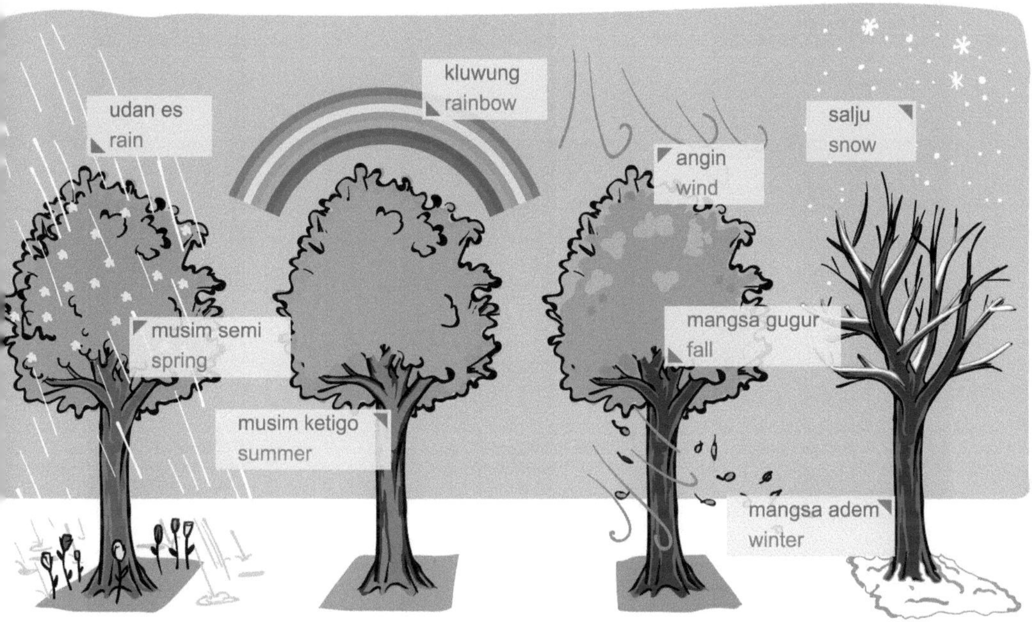

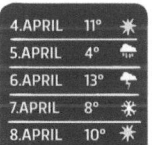

ramalan cuaca

weather forecast

F C
120 40
90 30
60 20
30 10
0 0
-30 -10
-20

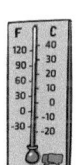

termometer

thermometer

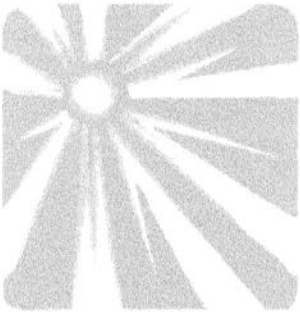

srengenge

sunshine

mendhung

cloud

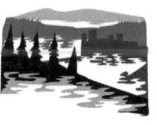

kabut

fog

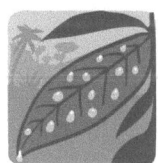

kelembapan

humidity

kilat

lightning

bledheg

thunder

badai

storm

udan es

hail

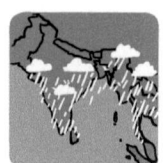

muson

monsoon

banjir

flood

es

ice

Januari

January

Februari

February

Maret

March

April

April

Mei

May

Juni

June

Juli

July

Agustus

August

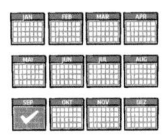

September

September

Oktober

October

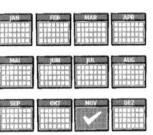

Nopember

November

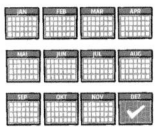

Desember

December

bunder

circle

kuadrat

square

segi papat

rectangle

segi telu

triangle

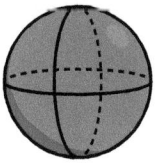

bal

sphere

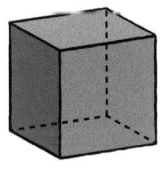

kubus

cube

warna
colors

putih

white

kuning

yellow

oranye

orange

jambon

pink

abang

red

ungu

purple

biru

blue

ijo

green

coklat

brown

abu-abu

gray

ireng

black

akeh / sithik

a lot / a little

nesu / kalem

angry / calm

ayu / elek

beautiful / ugly

pawitan / pungkasan

beginning / end

gede / cilik

big / small

padhang / peteng

bright / dark

sedulur lanang / sedulur wadon

brother / sister

resik / reged

clean / dirty

pepak / ora pepak

complete / incomplete

awan / bengi

day / night

mati / urip

dead / alive

jembar / sempit

wide / narrow

iso dipangan / ora iso
dipangan

edible / inedible

ala / becik

evil / kind

seneng / bosen

excited / bored

lemu / kuru

fat / thin

pisanan / pungkasan

first / last

kanca / musuh

friend / enemy

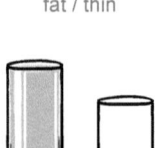

kebak / kosong

full / empty

atos / empuk

hard / soft

abot / enteng

heavy / light

luwe / wareg

hunger / thirst

lara / waras

ill / healthy

illegal / legal

illegal / legal

pinter / bodo

intelligent / stupid

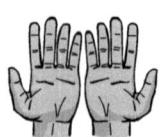

kiwa / tengen

left / right

cedhak / adoh

near / far

anyar / lawas

new / used

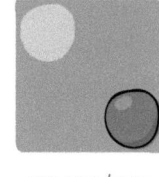

ora ana / ana

nothing / something

tuwa / enom

old / young

urip / mati

on / off

buka / tutup

open / closed

anteng / rame

quiet / loud

sugeh / mlarat

rich / poor

bener / salah

right / wrong

kasar / alus

rough / smooth

susah / seneng

sad / happy

cendhak / dawa

short / long

alon / banter

slow / fast

teles / garing

wet / dry

anget / adem

warm / cool

perang / tentrem

war / peace

0

nol

zero

1

siji

one

2

loro

two

3

telu

three

4

papat

four

5

limo

five

6

enem

six

7

pitu

seven

8

wolu

eight

9

songo

nine

10

sepuluh

ten

11

sewelas

eleven

12

rolas

twelve

13

telulas

thirteen

14

patbelas

fourteen

15

limolas

fifteen

16

nembelas

sixteen

17

pitulas

seventeen

18

wolulas

eighteen

19

songolas

nineteen

20

rong puluh

twenty

100

satus

hundred

1.000

sewu

thousand

1.000.000

sak yuto

million

basa Inggris

English

basa Inggris Amerika

American English

basa Cina Mandarin

Chinese Mandarin

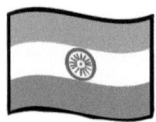

basa Hindi

Hindi

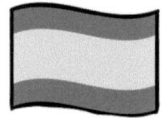

basa Spanyol

Spanish

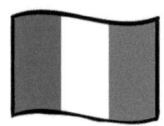

basa Prancis

French

basa Arab

Arabic

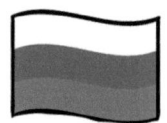

basa Rusia

Russian

basa Portugis

Portuguese

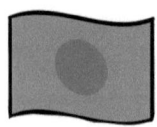

basa Bengali

Bengali

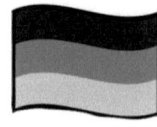

basa Jerman

German

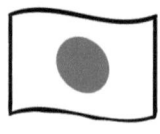

basa Jepang

Japanese

aku

I

kowe

you

dheweke

he / she / it

kita

we

kowe kabeh

you

dheweke kabeh

they

sapa?

who?

apa?

what?

piye?

how?

neng endi?

where?

kapan?

when?

jeneng

name

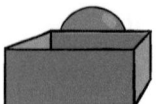

mburi

behind

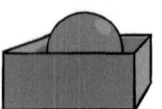

ing jero

in

ing ngarep

in front of

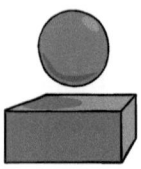

ing dhuwure

over

ing

on

ing ngisore

under

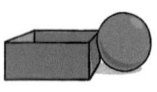

sisih

beside

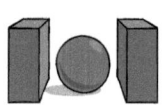

antarane

between

panggonan

place